저녁 노을이 백미러에 보내온 엽서

김은희

시인, 수필가, 심리상담 전문가
고신대학교 기독교 상담학 박사 졸업
청소년 상담센터, 부산가정법원 면접교섭관, 병영생활 전문상담관, 마음
심리상담연구소 소장 역임
종합문예지 《문심》에 시(2022)와 수필(2024)로 등단
제멋문학회, 부산문인협회, 부산크리스천문인협회 회원

중원문학 수필 부문 대상(2020)
《문심》 시 부문 작품상(2023 가을호)

maeum5454@naver.com

| 밥북 기획시선 43 |

저녁 노을이 백미러에 보내온 엽서

김은희 첫 시집

밥북

시인의 말

상상력은 언제나 나를 키우고 치유했다.

눈을 감으면 언제든 숲에 가 있을 수 있고, 바닷가 그늘에 앉아 있을 수 있다.

천사들은 기꺼이 온갖 악기로 아름다운 선율을 들려준다.

언젠가 닳은 우주복을 벗으면 우주도 자유롭게 유영할 수 있을 것을 안다.

낡은 소파에 기대어 앉아 오늘도 삶에 주눅 들지 않고 살 것을 다짐한다.

노을은 나의 가장 훌륭한 스승이다.

어느 날 강변도로를 달리다 백미러에 비친 노을을 보면서 알았다.

살다 보니 시가 삶이고, 삶이 문학이었다.

문학의 완성을 위해 이 순간을 살며 펜을 든다.

2025년 가을

김은희

차례

5 시인의 말

제1부

아
네
스
의

정
원

12 동백이 피고 지기까지

13 벚나무

14 아네스의 정원

16 앨버트로스

17 어느 가을 퇴근길 분식점에서

18 엄마의 생애

20 연어

21 은행나무 오솔길에서

22 울 언니

24 장산 갈대밭

25 O point 여행

26 초대장

27 얼음 행성에 침대는 없다

28 기다려도 오지 않는 너에게

30 포구에서

제2부

도로시에게

32 개미

33 4월의 아우성

34 공간 대여

35 깨우침

36 구조

38 네게 주고픈 선물

39 노란 저녁

40 다행이라는 행성

41 마대

42 도로시에게

44 무대, 시간과 시간의 벽 사이에서

46 바다에 누운 달

47 비의 노래

48 분실물 센터 신발들

49 사내의 강

제3부

꿈속의 아이

54 경청

55 고양이를 닮은 여자

56 푸른 바다 은빛 고래

58 꿈속의 아이

60 8월, 오후 4시

61 날지 않는 새

62 마음아, 괜찮니?

64 마음에

66 바다거북의 노래

67 선의 노래

68 붉은 천막

70 수국과 여인

72 어떤 해후

74 저마다의 집

76 심해

제4부

저녁 노을이 백미러에 보내온 엽서

78 창

80 심야극장

82 안개 낀 밤의 거리 풍경

84 도시의 섬

85 시를 쓰지 못하는 날

86 상담일지

88 우는 사람

89 저녁 노을이 백미러에 보내온 엽서

90 H

92 북한 군인의 편지

94 히비스커스차를 마시며

96 참 만남

97 공벌레

98 생의 아이

100 출장을 마치고

104 해설 - 시 언덕에 달처럼 걸려 있는 그리운 이름 하나
     _ 정훈 문학평론가

제1부

아
네
스
의 정
원

동백이 피고 지기까지

사람들은 모두 집에 머물렀다
악수를 할 수 없고
타인의 그림자를 무례하게 밟는 일 없이 저만치 홀로 서서
자신의 숨소리를 듣고 바람이 숲을 깨우며 지나가는 소리를 들었다
노래하는 자, 춤추는 자, 그림을 그리는 자, 시를 쓰는 자
호수조차 꽁꽁 얼어붙은 세상에 바람이 불기 시작할 때

새들이 맺어준 인연은 붉은 꽃으로 피어났다
마치 서시처럼 피었다가 눈물처럼 떨어져
바닥에서 한 번 더 피고 지며 꽃들의 길을 틔웠다
얽히고설킨 인연도 모두 지고야 마는 아린 길목
해풍에 군락을 이루고 살다 간 목숨 꽃
뱃고동 소리 울려대는 들뜬 밤에도
윤기 나는 초록 잎사귀에 새겨진 연서는 당당하다

그대 생명 빚어 만든 레드 카펫
사뿐히 밟고 지나가 마침내 봄의 정원에 이르리다

벚나무

도무지 포기할 수 없는 꽃들을
밤새 울며 흩날리고
말갛게 아침을 맞은 날

마침내 가지에는
싹들이 움튼다

아네스의 정원

그녀는 꿈꾼다
현무암 담벼락에 피어난 라일락 다육식물 마냥

생의 여정을 마무리하러
상류로 기필코 돌아온 연어 마냥

매운 파도에 맞서 싸우고
치열한 여정 끝에 섬으로 돌아온 돌고래 마냥

생이 불협화음의 음정으로 심하게 흔들릴 때
어린 두 딸의 손을 잡고
사막의 도시를 떠나 물의 왕국으로 간 날

울먹이며 들썩이다 잠이 깨던 날의 기억은
꽃이 되고 별이 되고 사랑이 되고 인생이 되었다

긴 세월 돌아와 지은 나무돌담집
애월의 해풍을 맞으며 가꾼 정원에 카라 꽃 무리
임을 향한 줄기 줄기마다 타오르는 그리움
당신만 한 사람이 없었습니다

바다가 보이는 푸른 창가
벽난로 나무 장작 태우며 지피던 꽃불

검게 그은 구릿빛 피부
늙은 수세미 같은 굵은 팔뚝을 걷고
해가 질 녘 길어온 바다 물풀로 찬을 지어
저녁상을 차린 후 두 손을 모은다

그녀의 식탁에 앉은 모든 손님이 평안하기를

앨버트로스

가끔 잃어버린 야생성이 그립다
날기를 포기한 건 언제부터였던가
선사시대부터 내려온 본능

따듯하고 살만한 온도
먹고살 만한 먹이

사람들은 비웃지
'바보 새'라고
거추장스러운 날개를 왜 달고 다니냐고

더디지만 날게 되면 언젠가
가장 멀리 가장 높이 날아오를 수 있지

바닷가 절벽 위에 앉아
불편한 잠을 자며
상승기류를 기다리다

가늘고 긴
날개를 펼쳐
천공을 가로질러
활공의 꿈을 꾼다

어느 가을 퇴근길 분식점에서

쨍한 가을날
문득 엄마가 보고 싶은
당혹스러운 마음 달래다

갑작스레 누군가가 끓여주는
꼬들꼬들한 라면을 먹고 싶어졌다

파 송송 달걀 퐁당
매운 꼬들꼬들한 라면 먹으며
엄마의 온기를 느껴본다

외로움 팅팅 불기 전에
콧물 찔끔
눈물 찔끔
호로록 호로록
국물을 들이켜다가 보면

아, 맞다!
나도 누군가의 엄마지
나도 누군가의 고향이지

엄마의 생애

그해 겨울
영천 이모 집 사과 농사 풍년 들어 판로가 막히니
아파트 1층 화단에 사과 상자 층층이 쌓아두고
밍크 이불 몇 겹씩 덮어두고
꽁꽁 싸매며 흥얼흥얼 노래를 불렀다

쥐야, 쥐야, 배고프면
여기저기 갉아먹지 말고
한두 개 먹던 거나 다 먹어라
여기저기 갉아먹지 말고
맛난 거 골라 먹던 거나 마저 먹어라

엄마의 즉흥시와 노래는
꿀이 박힌 사과 맛에 재미까지 더 했다

손수레 끌고 만디*까지 배달 갔다가 내려오는 길에
중력에 떠밀려 비탈길을 후들거리며 내려오다가
지나가던 장골들 붙잡아줘 겨우 걸음을 멈추었다 한다

———————
* 고개. 경상 지역의 사투리

그날 이후 엄마는
시름시름 앓다가 대학병원 일본에서 건너온 의사
만 명에게 한 명 걸릴까 말까 한
불치병에 걸렸다는 판정을 받았다

누워 있으면서도
빨래는 이렇게 개켜서 저기다 두라고
맑은 정신에 이런저런 유머도 잘도 하신 울 엄마

어린 딸 혼삿길을 막는다고
자신의 병이 죄라도 되는 양 걱정하시다가
연처럼 어느 날 훌쩍 세상을 떠났다

엄마를 보내 드린 어느 깊은 가을날
소양강 저녁노을은 장미꽃잎처럼 붉게 타올랐다

연어

연어 떼 돌아오네
파닥파닥 파드닥

담청색 등 푸른 바다의 기억
은빛 순결한 꿈결 따라

노을 진 구름을 닮은 꿈은
살갗에 겹겹이 스며들기까지 했구나

살갗이 찢기는 한이 있어도
물결치는 대로 바람 부는 대로
살지만은 않을 거야

강 상류 맑은 물속
생명을 산란하기까지

저녁 노을이 백미러에 보내온 엽서

은행나무 오솔길에서

노란 트렌치코트를 입고 선 여인
그녀의 편안함과 자유스러움은 어디서 온 걸까

바람과 서리, 폭우를 견뎌낸
저릿한 상처는 딱딱한 껍질 속에서 생약이 되고

기다림, 기다림 끝에
잎사귀마다 새겨 쓴 빛바랜 추억 손편지

그녀의 그늘은
견뎌내고 기다린 인내와 관용, 생명과 지혜

울 언니

울 언니 열아홉 해 가을, 배와 노란 종이봉투 속 첫 월급을 받아
왔습니다
언니가 은행을 다니면서 우리 집에 전화기도 생기고 이웃집에 있
던 다리 달린 텔레비전과 냉장고도 생겼지요

맏딸은 살림 밑천이라고 저는 언니 그림자를 밟고 인문계도 가고
대학도 갔지요 해그림자 늘어지도록 일한 언니는 자기 옷 사러
갔다가 동생 옷 사 들고 오는 오지랖

창구 너머 꿈꾸는 대학노트 어느 날 언니는 K 대학 합격증을 받
고도 꿈보다 큰 현실을 알아버린 맏이로 자신의 꿈을 종이비행기
처럼 접어 주머니에 넣고 다녔지요

엄마는 언니를 해바라기, 저를 코스모스 같다고 했었지요

나는 언니 그림자를 밟고 비행도 방황도 해보고 어설픈 낭만도
누려보았지만, 언니는 바람 한 점에도 흔들리지 않고 해를 바라
보며 자랐습니다

언니는 늘 내게 품을 내어주고 팔베개를 해주던 뜰 같은 존재
스물아홉 겨울에 한 남자와 나타난 언니는 내게 기쁨보단 상실
을 안겨줬지만, 귀여운 아가를 데리고 집을 찾아오면서 상실보다
기쁨이 커갔지요

언니는 두 딸 어여쁘게 키우고 예쁜 사랑도 하며 늙어가다 나와
함께 오십 대 갱년기에 접어들었습니다

스물아홉 해 어느 겨울날에 한 남자와 나타난 이후, 단 한 번도 동
생에게 곁을 내어주지 않던 언니가 늘그막에는 곁을 내어줄까요

오늘은 내 언니가 38년 4개월 다니던 노란 늙은 은행나무 같은
직장을 떠나는 날입니다
늦은 나이에 엄마를 잃고 방황하다 대학원 합격증을 들고 찾아
간 내게 말없이 첫 등록금을 내어주던 울 언니가 오늘 은퇴를 했
습니다

언니 덕분에 나는 세상이 그리 삭막하지 않았다고 고달팠던 그
어떤 순간에도 견디고 살만했었다고 오늘은 꼭 말해야 할 것 같
습니다

장산 갈대밭

가을 햇살의 빛나는
오후 시간을 받아내며
흔들리는 갈대 너머로
한 접시 호수같이
출렁이는 해운대 앞바다

길은 멀지만 가야 할
엄마 자궁 속 같은
바다가 있다

기억상실증 환자의
되살아난 기억처럼

장산의 세진 머릿결은
내 영혼을 흔들어 깨운다

O point 여행

그것은 하나의 여행이었다

결국 제자리로 돌아오고야 말 몸부림이었으며
더 큰 원형을 위한 성장이었으며
다시 돌아올 메아리였으며
노을 같은 아쉬움이었다

모든 사물에 이름이 있듯
때에도 만남과 이별이 있어
이제 겸허한 마음으로
떠나야 할 때

다시 공허와 상실감으로
돌아오게 될지라도
더 큰 빛의 둘레를 그리며
나의 별에 다가가기 위하여

초대장

속도에 안부를 물어본 저녁
괜찮지 않다는 답변을 들었단다
이대로 달려가다가는 고장 날 수도 있다고
속도를 줄이지 않으면 사고 날 수도 있다고

검은 새와 흰쥐가 며칠에 걸쳐 쓴 손편지를 부친다
물거품 이는 파도가 범람하는 절벽 같은 해안도로를 질주하는
그녀에게

벼랑 끝에서 낳은 사생아 같은 언어들의 신음을 들어보라고
딸꾹질하는 시곗바늘 소리를 들어보라고

꽃을 사두었으니 싱그러운 프리지어 향을 맡으러 오라고
원두를 내리고 다글다글 허브차 끓일 물을 데우고 있다고
촉촉하고도 바싹한 마들렌을 구워두었다고

안구 건조증, 어깨 통증, 불면증을 호소하는 그녀에게
어린 소녀를 방에 가두고 잊어버린 그녀에게

얼음 행성에 침대는 없다

마음의 연료가 떨어지자
그는 가던 언덕길을 오르지 못하고 주저앉았다
사랑 없는 서늘한 거리를 헤매고 다녔다

그가 허공에 자신을 투척하고 기이한 박제가 되던 날
3월의 깜깜한 밤하늘에는 부고장 같은 눈발이 휘날렸다

경찰은 멈추어버린 그의 시간을 거슬러 빠르게 추적해 나갔다
그가 세상으로부터 유기된 채 살아온 불안과 분노의
특수성과 개별성을 분석하기 시작했다
그의 삶은 하나의 파일로 정리되고 완성되었다

충격에 얼어붙은 이들은 죽음의 격식을 갖추어 애도했다
누가 감히 피다가 꺾여버린 그의 생을 평가할 수 있는가
모두 죽음의 대열에 순번 없이 기다리는 이들일 뿐이다

그의 삶을 마지막으로 정독하고
그의 고통을 들여다본 자들은 오랫동안
검은 조약돌을 안고 살아가게 되었다

삶은 죽음과 연결되어 있어 죽음 없이 삶이 빛날 수 없다
그 연결 통로 어디엔가 그가 남기고 간 도토리 한 알을 줍는다

기다려도 오지 않는 너에게

너를 기다렸다
차 끓일 물을 준비해 두고 꽃샘추위가 오락가락
봄비가 내리다 만 삼월 초순 주말 오후
너는 시간이 되어도 오지 않았다
네가 오기 한 시간 전부터 설레었는데

어린 동백나무가 부케처럼 자라난 정원을 지나
홍매화가 핀 담벼락을 거닐다 문득 알았다

너는 오지 않은 게 아니라 오지 못했다는 것을
마음의 감옥에 갇혀 있다는 것을
오래되고 익숙한 늪에 침잠하고 있다는 것을
동트는 못에 데려다줄 누군가를 기다리는 삼십팔 년 된 병자라
는 것을
의사가 진단을 내린 후 진단의 틀에 포박당하고 있다는 것을

너의 집 앞에서 너를 기다릴 수도 있지만
나의 정원에서 너를 기다리기로 한다
나의 행성에서 너의 행성으로 전파를 보낸다

저녁 노을이 백미러에 보내온 엽서

언젠가 내가 보낸 연서는 봄비처럼 너의 창문을 두드릴 것이다
공벌레처럼 웅크린 어깨를 펴고, 기지개를 켜며 창문을 열 날이
있으리라

네 둥지에 새싹 움트는 날까지 부디 오래도록 깊이 아프기를
침묵 속 네 심지 세포 분열 알아채거든 그때 문을 열기를

어느 날 문득 네 걸음이 나의 정원 뜰에 서 있기를!

포구에서

비 내리는 여름 바다
다대포 포구

대낮에도 목 놓아 울던
분수대는 눈을 감고 있었네

내가 아는 한 남자의 고독사

그는 죽은 게 아니라 태어난 거였다
그는 제 어미를 만났을 거다

포구는 출렁이는 양수
이 세상이 하나의 커다란 자궁 속임을

일상이 천국으로 이어지는
계단을 밟으며

포구에 홀로 서서

제2부

도로시에게

개미

무엇을 위해 질주하는가?

정말 갖고 싶은 건
끝없이 예비 된 끼니가 아니라

네 눈동자 속에 있는 나
내 눈동자 속에 있는 너였다

4월의 아우성

4월의 꽃잎들이 아우성치며
요동치는 모습을 보았는가

쓰레기를 분리하는 사람들은
세상의 종말이 임박했음을 안다

오염이 극도에 달한 바다
절벽 위에서 내려다보다

딸기 한 접시 먹기 위한
460년 세월의 스티로폼

썩어야 하는 것들이 썩지 못해
떠나야 하는 것들이 떠나지 못해

마침내 꽃들이 일어나
분연히 쏟아져 내리는
4월의 아우성

공간 내여

시간을 밀도 있게 보낼
제3의 공간을 찾습니다

일상의 자질구레한 근심이
따라 들어오지 못할 차단된 문

잡다한 먼지 감히 넘보지 못할
바람 통하는 투명한 창이 있어야 하지요

내가 그저 나로 존재할 수 있는 공간
퍼 올리면 마실 수 있는 맑은 우물
두레박만 있으면 된다오

어쩌다 눈빛 맑은 이를 만나면
함께 차를 마실 수 있는
제3의 공간을 찾습니다

　　저녁 노을이 백미러에 보내온 엽서

깨우침

날 선 시간의 씨줄과 날줄 끝에서
당신이 보내온 교신

존재와 존재로서만 존재하는 그곳
과거 현재 미래가 평면으로 펼쳐진
시간의 지평선에서

한 마리 벌레처럼
블랙홀과 화이트홀을 가로질러

고통이 더 이상
고통스럽지 않은 때에

시간마다 파도가 일어나는 얼음별
당신이 낸 문제

내가 맞춰 버린
퍼즐, 한 조각

구조

창은 없고 거울만 있는 방
갇힌 자의 신음

자작나무 숲의 긴 미로
조심스럽게 걸어 들어가 외친다

숲의 메아리는
갇힌 자의 청각을 깨운다

똑똑, 살아 계시는가요

기억해 보세요
잊힌 기억의 방 비밀번호를

우리 함께 자작나무 안개 낀
미로를 뛰쳐나가요

일곱 개의 방을 지나면
당신의 문둥병은 깨끗이 나아져 있을 거예요

이 숲 어딘가
당신의 공주를 찾아보아요

그녀의 결박 봉해진 입
청테이프를 뜯어내어요
그녀는 농인이 아니었어요

네게 주고픈 선물

슬픔의 짭조름한 맛
허기진 배에서 들리는 꼬르륵 소리
하지의 길고 긴 졸음과 게으른 소의 울음
미완성의 일기 그리고 여백
시끌벅적한 늙은 골목길
밥 짓는 냄새와 향수
오후 세 시의 지루하고 게으른 낮잠과 하품
삶의 소리로 가득한 시장 골목 풍경
한 여름밤 누군가가 끼얹어주는 짜릿한 등물

배고픔과 가난
살아야 할 이유
살고 싶은 간절함
지평선 끝에 두고 온 그림자

저녁 노을이 백미러에 보내온 엽서

노란 저녁

언덕 위 나무들이 턱을 괴고서
안개 이불을 덮은 채 그를 내려다본다

그는 자신의 그림자를 뜨다
언덕을 올려다본다

오래전 잃어버린 꿈들이
실오라기 하나 걸치지 않은 알몸으로
앙상하게 마른 나뭇가지에 걸려있다

참으로 이상하기도 하지
그만 본 걸까
밤이 오기 전 어둠을
안간힘으로 밀어내고 있었지!

다행이라는 행성

세상에는 행복과 불행이라는 행성 사이에
다행이라는 행성이 있습니다

평범한 사람들이 서로의 등을 쓸어내리며
진심으로 안부를 전하는 별말이지요

그래도 힘을 내서 다시 한번 살아내자고
토닥토닥 토닥여주는 따듯한 별이 있습니다

오늘도 행복과 불행 사이를 오가며
두 손 모아 감사할 수 있는 것은
서로에게 빛이 되어주는 그대들이 있기 때문입니다

다행이라고 빨리 완쾌하라고 다시 재기하라고
응원해 주는 한마디와 시선이 있어
차갑기만 한 행성을 데워주네요

저녁 노을이 백미러에 보내온 엽서

마대

마대 열 장 주세요
10이 완전한 숫자 아닌가요
7이 완전한 숫자라고요

어쨌거나 저는 완전한 비움이 절실해요
오래 묵은 방에는 먼지와 거미줄, 폐품들이 가득해요
철문으로 된 중문도 떼어버릴 거예요

미처 정리하지 못한 관계망에는 벌레들이 기어다녀요
요일마다 마대 하나를 꺼내요

버리고 또 버리면 무엇이 남을까요
비우고 비우면 다시 가벼워질까요

어깻죽지 힘 오르면 가보지
못한 길을 떠나봐야겠어요

도로시에게

마녀는 죽었어
모험을 두려워하지 마!

역할을 벗어던지면
너 자신으로 존재할 수 있어

틈 사이로 빛과 바람을 느껴봐
한 번도 경험해 보지 않은 낯선 세계

동굴 속에서 구출한 공주는
지혜롭고 빛나는 뇌를 가졌기에

사랑에 실패한 얼음 심장도 녹일 수 있다는
오즈의 마법 따위는 믿지 마

네가 가치 있지 않다는
그의 차가운 주문에도 속지 않기를

나무 창이 흔들리고
빈 벌판 빈집, 황토 바람이 불어와

호수 위에는 끝없이 눈이 내리고
안개 낀 숲에서는 달도 길을 잃지만

부디 네 걸음이 멈추지 않기를
부디 네 심장이 멎지 않기를

뒤돌아보지 말고,
너의 길을 가렴

무대, 시간과 시간의 벽 사이에서

죽음의 공포보다 비굴한 삶이 더 싫었던 그녀가
무대 뒤로 사라지자, 숲은 미궁에 빠져버렸다
얼음장처럼 차가운 무대, 수수께끼를 풀지 못한 나무들이 웅성
거렸다
원하는 대로 시나리오를 쓰지 못하는 나무들
역할을 강요받았던 나무들이 쓰러지고 베어지고 실려 나갔다

포스트 편지가 비에 젖자, 몸을 말리려는 이들이 모여들고
흰 국화는 시간과 시간의 벽 사이에 갇혀버렸다
무대는 빙상장, 체온이 내려간 새들이 박제로 나무에 대롱대롱
매달렸다
마지못해 사느니 죽음을 택하겠다는 이들이
다음 생을 위한 표를 끊어 플랫폼에 줄을 섰다

검은 상복과 검은 차들이 파도처럼 밀려오고
삶을 끌어안은 이들이 파도 거품처럼 튕겨 나갔다
동백꽃이 피었다가 뚝뚝 지는 언덕, 삶이라는 잔혹한 은총 아래
산 자와 죽은 자들이 나란히 무대 위를 걸었다
어떤 이들은 무대 뒤로 사라지지만 어떤 이들은 끝까지 남아 춤
을 추었다

바다에 누운 달

인생도 어떻게 보면 외력과 내력의 싸움이야
무슨 일이 있어도 내력이 세면 버티는 거야

바다에 누운 달이 말했다

보여주고 싶지 않은 그림자를 들켜버리고
눈부신 조명에 길을 잃어버린 사내

꼭 바다에 누워야만 쉴 수 있었나요
피투성이라도 버티면 안 되었나요

나뭇잎이 바람에 몸을 맡기며
부스스 뛰어내리는 마음마저 흐르는 계절

숲속에 물빛 기억이 내려앉으면
죽음 앞에 오만했던 것들조차 숨을 죽인다

누구에게나 석양은 지고
각자의 그림자를 안고 저마다의
우주를 향해 떠나야 하기에

비의 노래

동맥과 정맥이 스쳐 지나가는 듯
피와 물의 울렁임

장마철 장미꽃잎 같은
물의 노래를 들어보셨나요

강물 속으로 흘러들어 가는
비의 노래를 들어보셨나요

콸콸 땅에서 역류하는 오래된
기억의 노래를 들어보셨나요

격랑으로 일렁이다 만
무심해진 낯빛처럼 창백한

이끼 낀 벽 사이로
쏟아지는 희고 뿌연 물 벽의
노랫소리를 들어보셨나요?

분실물 센터 신발들

사뿐사뿐 춤추듯 걸어 나와
길 위에 섰을 때까지 몰랐다

주전자에서 뿜어져 나오는 김처럼
뜨겁고 경쾌하게 노래하고 싶었다

구두는 춤추고 싶었다
운동화는 달리고 싶었다

무너진 경계의 비명
꽃잎 같은 사랑이 꽃잎에 눌려
나뒹구는 찢긴 날개가 되었다

미궁 속으로 사라지는 꿈
벽장 속에 갇힌 죽은 새의 노래
강이 놓쳐버린 강물이 되었다

우주를 떠돌다 길 잃은 유성처럼
다시는 못 돌아갈 집
창문을 두드리는 빗물이 되었다

산불같이 번지는 슬픔은
노을 같은 그리움이 되었다가
해일 같은 분노가 되었다가
늪 같은 무력감이 되었다가
허공을 떠돌다 사라지는 메아리

제각기 서로 다른 길을 걷다가 만나
즐비하게 늘어선 오목한 마음,
마음들이 여기 모여 있다

사내의 강

사내는 맨손으로 강물을 퍼 올린다
햇살에 그은 구릿빛 근육과 굵은 핏줄
갈증과 허기로 칭얼거리는 어린 자식들
젖가슴이 마르지 않은 아내

사내는 쉴 새 없이 강물을 퍼 나른다
들숨과 날숨
사내는 아이들이 잠든 밤이 되고서야
강바람에 호흡을 가다듬을 수 있다

물살이 자꾸 밀려오면
지친 포유류처럼 사내는 웅크린다
절벽에서 쏘아 올린 포성이 사라지기까지
아무것도 할 수 없다

저녁 노을이 백미러에 보내온 엽서

숲 사이로 바람이 불고
태양은 천둥 사이를 가로질러 간다

꽃들이 시들고
풀들이 짓밟히는 동안
사내는 조금씩 메말라가고
가끔 비틀거리기도 했다

제3부

꿈 속 의 아 이

경청

숨 막히고 음산한 밤이 오면
갇힌 자의 울음소리 흐느끼는 어둠이 내리면
숲의 냉기에 소름마저 돋는 차가운 겨울이 찾아오면
너는 내게로 오렴
문 앞에 서서 기다릴게
차 마실 물을 끓이고, 소라처럼 큰 귀 열어
불안을 견뎌낸 얼음 호수 같은 너의 이야기를 들을게

어떤 이야기는 지나가고 어떤 이야기는 남아있어
이야기 속에 이야기를 가두고 이야기가 산맥처럼 이어져
밤의 이슬이 내리고 다시 아침이 오기까지
이야기가 이야기의 손을 잡고 화해할 때까지
이야기와 이야기가 강물처럼 끌어안고 통곡할 때까지
어둡고 차가운 밤의 숲을 지나 살아남은
너의 싱싱한 이야기를 들을게

고양이를 닮은 여자

본능에 충실하면서도 모성애가 강한 그녀는
한때 사랑의 결실인 아기를 안고
남파랑길 따라 해가 지는 어느 날 마을 어귀로 왔다

동백이 피고 지는 길목
섬마을 어귀에 선술집을 열고
웃음꽃 바람에 흩날리며 환히 웃는 그녀는
고양이처럼 당당하다

사람들의 시선 따위는 아랑곳하지 않아
경계를 쉽게 허물고 깃발 펄럭이는 집을 지었다

근접할 수 없는 거리
야생 본능을 간직한 채
구릿빛 피부에 드러난 새하얀 미소

지혜로우면서도 용감한 그녀는
눈빛도 목소리도 영혼마저도 고양이처럼 유연하다

푸른 바다 은빛 고래

여름이 비껴가는 구월 셋째 주말
병원 오전 예약 진료를 마치고 돌아오는 길에
버스 정류장 가로수 그늘에서
챙모자에 파자마 입은 여인이 김밥을 팔고 있다

스테인리스 대야에는 김밥이 그득
싹둑싹둑 자른 김밥에 참기름을 바른 후
깨를 솔솔 뿌린 후 투명 도시락에 척척 담고 있다
김밥 도시락이 이천오백 원이다

폐 파라솔 푸른 테이블 위 은빛 대야
다 팔아도 오륙 만원 될까?
저 김밥 만들려고 어제는 장을 봤을 테고
오늘은 새벽같이 일어났을 터이다

저녁 노을이 백미러에 보내온 엽서

단무지 달걀 햄 시금치
있을 건 다 있는 김밥 속 재료
바로 읽어도 거꾸로 읽어도 똑같은
우영우 김밥은 아니더라도
있을 건 다 있는 김밥을 팔고 있다

저것 다 팔고 돌아가는 그녀의 표정은 어떨까?
푸른 바다 은빛 고래에 담은
애틋하고 풋풋한 그녀의 사랑은 어떤 표정을 닮았을까?

꿈속의 아이

쿵!
아이가 절벽 아래로 떨어졌다
천 길 낭떠러지
갯바위와 얼어붙은 바다
아이는 어떻게 됐을까?

놀라 뛰어 달려간 곳에는
행렬이 펼쳐지고 있었다
거리에는 나팔 소리
꽃을 든 여인들의 훌라 춤
축제의 인파에 파묻혀버렸다

사이렌 소리 울리며
아이를 구출하러 가야 하는데

환영을 본 것일까?
내 아이가 떨어진 게 아니고
내 내면의 아이가 떨어진 것일지도 모른다

켜켜이 쌓이고 오래되어 돌멩이가 되어버린
그
림
자
가 떨어진 것일지도 모른다

8월, 오후 4시

삼촌의 묵은 농담같이 덤덤한 오후

시폰케이크같이 폭신한

시간의 소파에 걸터앉아

나른함을 깨우는

아이스 아메리카노를 마신다

흰 격자창 너머

한낮의 능소화, 백일홍

푸른 하늘, 피어오르는 듯 흰 뭉게구름

사각 얼음같이 여름은 쨍하다

날지 않는 새

죽은 척하는
날지 않는 새를 보았다

마음의 감옥에 갇혀 사는 박제된
살아있지만, 체온이 없는
불러도 대답 없는 미라를 보았다

살아있는 걸 들키면
총탄에 맞을 거야

두려움에 얼어붙어
눈동자조차 제대로 굴리지 못하는

걷지도 날지도 못하고
그림자조차 얼어붙어

죽은 척하는
날지 않는 새를 보았다

마음아, 괜찮니?

어느 날 무의미와 허무가 방문을 노크했다

몇 개의 산을 넘고, 무덤을 가로질러
초대장을 들고 나를 만나러 왔다

바람 부는 언덕에 서서 한참을 망설이다
그들을 따라나섰다

열심히 앞만 보고 살았는데 잘못된 건 아닌가
최선의 삶은 아니지만 차선의 삶을 살아왔다

노을이 지기 전 애써 울음을 참는 하늘
들썩이는 어깨처럼 파도치는 바다 앞에 섰다

낮게 나는 꼬마물떼새와 갈매기
별것 아닌 것들도 이렇게 숨 쉬며 날고 있었다

끝내 찾지 못할 의미를 기다리며
혹한과 혹서를 견뎌온 내 생의 바다

나의 삶에도 수많은 반짝임이 있었다
어느 한순간도 의미 없는 때는 없었다

낯선 생을 살아내느라 수고한 나에게
처음으로 손을 내밀어 괜찮냐고 물었다

마음에

마음아, 너무 서두르지 말라
생각 따라가다가 멍들까, 걱정이다
길 잃을까 걱정이다
할 수 있는 만큼만 하거라
잘하려고 하지 마라
너무 앞서다가 돌부리에 걸려 넘어질까, 걱정이다

때로 쉬었다 가거라
때때로 넋 놓고 물 구경도 하고
숲 멍도 때리고
파도 소리 바람 소리에
마음 귀 헹구고 가거라

맛난 것도 먹고
수다도 떨며
쉬었다 가거라

슬프고 속상하면
울어도 된다

마음아,
괜찮지 않다고 말해도 괜찮다

바다거북의 노래

어미는 울면서 나를 깊은 모래 무덤 속에 낳았지
그 깊은 모래 무덤 속에 나를 낳고 원통 발로 꾹꾹 다지곤
물거품 이는 바다로 떠났지

눈을 떴을 때 나는 무덤 속에 있었네
갈증을 피해 미친 듯이 달아난 곳은 물
푸른 해초 가시 돋친 적들

내게 익숙한 건
살기 위해 숨는 것
가라앉는 것
선사시대부터 전수한
고독을 견디는 능력

밤새 두드린 자판,
몸통 속에 머리를 집어넣고
세상과 차단한 나의 청춘은 신열을 앓았다

삶은 방향을 잃어 속도 없이 내달리고
유선형 몸통은 침몰선처럼 가라앉는다

선의 노래

죽은 이의 그림자를 밟고 지나가듯
가늘고 말랑말랑한 몸뚱이를 가진 생명체
금방이라도 말려버릴 듯 뜨거운 지열을 온몸으로 흡수하며
보도블록 위를 기어간다

서둘러 갈 길을 가는 인간들의 발자국
오븐에서 갓 구워낸 쿠키 같은 정오의 햇살 위에 남겨지고
세상에 존재하지 않는 숲을 그리듯 살아있는 선은 선 위에 남겨
졌다

온종일 마실 생수 뚜껑을 열어 선 위에 쏟아붓자
선을 따라 운하 같은 물줄기가 살아있는 선을 덮쳤다
살아있는 선은 좁고 기다란 죽음의 터널 같은 선 위에서 고개를
쳐들었다

캄캄하지도 축축하지도 않은 낯섦, 불편의 땅 위에 놓인 선이
잠시 안도의 숨을 쉬며 사방을 둘러본다
더욱 낮은 곳으로 기어가 하수구에 머리라도 박을 수 있다면
선에 남은 시간은 얼마나 될까?

붉은 천막

붉은 천막은
찢어지고

자라다 만 열매는
도려내어졌다

마치 독버섯처럼
자라서는 안 될 기생충의 알같이

비명에 질린 채
헐떡거리다
꿈틀거리다

산소를 공급받지 못한 심장은
새근새근 잠들어갔다

붉은 천막은
꿰매어졌지만

쓰디쓴 독주보다
깊고 떫은 사랑의 기억은
아물지 않는다

향기롭고 탐스러운 포도들
짓밟힌 발자취

붉은 천막에는
짓이겨진 꽃잎들 나뒹굴고

보름 밤마다 우는
슬픈 짐승의 울음처럼

붉디붉은 꽃들의 하혈로 낭자하다

수국과 여인

성분도 수녀원 돌담길 끝자락에는
한때 수녀가 되고파 하던 여인이 살고 있습니다

젊어서 남편을 떠나보내고 어린 딸 홀로 키워 시집보내고
물이 그리운 수국 키우며 사는 여인이 있습니다

물 같은 사랑 주체할 길 없어
장에서 삼천 원에 산 수국 정성껏 키워냈습니다

해마다 정원에 붉고 푸른 수국이 들불처럼 번져나가
영국 황실 부럽지 않은 정원을 이루었습니다

초여름 정원에 피어난 수국은
꿀벌 같은 사람들을 불러 모읍니다

하얀 모시 냅킨 접어 화사한 꽃들로 피어난 식탁에
해마다 고운 비단길 따라 초대를 받습니다

사람이 늙으면 악취가 난다지만
나이 들수록 향취가 나는 사람이 있습니다

지구 한 모퉁이, 성분도 수녀원 돌담길 끝자락에는
시詩 같은 한 여인이 정원을 가꾸며 살고 있습니다

어떤 해후

그는 영혼의 우주복을 벗고
그의 별자리로 돌아갔다

지구별에서 천륜이라는 실타래는
실구름처럼 이어지다 사라졌지만
아직 우주복을 입고 사는 자들의
슬픔은 끝나지 않았다

그는 다만 생의 알람이 다 했던 것
사는 날 동안 품어줬던 따뜻한 시선
마음에 남았던 잔설조차
훌훌 털고, 그는 떠났다

엄마, 사랑해요
키워주셔서 감사합니다

시간이 평면으로 펼쳐지는 그곳에서
시간과 공간이 휘어지고 좁혀지는 그 지점에서
블랙홀과 화이트홀 지나
몇 찰나 후 우리 다시 만나요

우주복은 벗어 던지고
첫눈처럼 반갑고 가벼운 존재로

저마다의 집

공간과 시간의 거미줄
기억의 담을 더듬어
문을 여니 아이가 있다

살고자 자궁 속에서 버둥거리던 아이
의미를 찾아야만 숨 쉴 수 있었던 아이

동굴의 길고 긴 끝은 죽음에 맞닿아
막힌 담 끝에 또 다른 문이

삶은 쉼을 찾아 떠나는 고단한 여행 같아
죽음의 본능을 폭포처럼 거슬러 올라가면

연어처럼 맑은 물에 쉴 수 있을까
잉태한 새 생명을 산란할 수 있을까

삶은 비극과 희극이 엇갈리고
불행과 행복 사이를 오가며
다행이라는 아슬아슬한 줄을 타는 듯

결을 따라 옷감을 짜듯
결이 맞는 이들이 만나 춤추듯 무늬를 새기며

공간과 시간의 씨줄과 날줄을 엮어
저마다의 집은 우주로 통한다

심해 沈海
–무의식의 저편

우주보다 더 은밀한
수압에 눌린 혐기성 생명체
꿈틀대고 헤엄치는

깜깜하고 내밀한
무섭고도 공허한
정글보다 우거진

난파선
기억의 파편과 잔해들
낡고 이끼 낀 비목

빛바랜 채
모래 기슭에 박힌
슬픔과 치욕의 잔해들

한때는 초원이기도
한때는 벌판이기도 했을

햇살 속에 빛나는 그 무엇이었을 것
갓 낚아 올린 파닥이는 생명이었을 것

제4부

저녁놀을 백미러에 보내온 엽서

창窓

허공으로 흩어지는 나를 잡아주고
묶인 노래를 풀어내는 햇살이 있다
매일 같으면서도 다른 햇살 속에 존재하는
어떤 절정도 없는 잔잔한 일상 같은 영화 한 편
촛불처럼 진행되는 조용한 예식
불꽃같이 번지는 날개
창에는 마음이 있다

담장 너머 담장, 그늘 너머 그늘
빛도 어둠도 차단하지 않는 정직함
창이 열리면 정오의 정원이 초대한 의자에 앉는다
날개 다친 재활하는 새
아프지도 슬프지도 않은 지루함
비명과 균열, 현기증의 거품을 거두어내고
창은 모든 것을 작품으로 만드는 힘이 있다

저녁 노을이 백미러에 보내온 엽서

온종일 방에서 나오지 않던 그녀가
창백한 날개 그늘에 커튼을 열던 날
창은 알 수 없는 풍향으로 꽃잎의 잔상을 남기고
샛별 지나 자욱한 안개를 걷어내고
강물이 낸 길, 길이 낸 강물
숲이 낸 길, 길이 낸 숲으로
오후의 빛바랜 서재로
시간의 문턱을 넘어 빛의 정원으로 초대한다

심야극장

북회귀선 고기압이
남하하는 날
난데없는 국지성 폭우

고래의 복통
빙하의 신열

모든 살아있는 것들이
과호흡으로 헐떡였다

도심의 반지하 단칸방
오순도순 따스운 밥 지어
등 토닥이며 살던 가족이

풀잎처럼 젖어
눈물처럼 퉁퉁 불어

지상은 살 곳이 못 돼
서둘러 주소지를 별자리로 옮겼다

국지성 집중호우
도시를 강타하는 날

맨홀 속으로 영혼들이 빨려 들어가고
무너진 전신주에는 사라진 영혼들
비닐봉지로 널려 시퍼렇게 펄럭였다

안개 낀 밤의 거리 풍경

숨 막힐 때 피우고 싶은 담배 한 대
피우고 나면 잠시 진정되지만 허무해
연기 같은 사랑은 곧잘 길을 잃고 말았지
불안과 초라함 사이
깊은 한숨으로 돌아앉은 섬

폐허, 무너진 우물 같은 것
밤새 이야기를 짓고 마시다
아침이면 밥이나 먹고 헤어져
저녁이면 돌아갈 곳이 있는 사람과
돌아갈 곳이 없는 사람으로 나뉘지

밤의 골목을 헤매다
연기처럼 안개처럼
슬픔이 슬픔인 줄 모르는 이들이
고독이 고독인 줄 모르는 이들을 만나
이끼 낀 물의 다리를 건너
달빛이 등대처럼 둥글게 비추어주는 밤의 거리에

사막이나 섬으로 남는다는 건 견디기 힘들어
체온이 아직 남은 이들이 거는 주술
섬의 눈물
섬의 미소
누군가 숲속에 굴을 파 놓았을지 몰라

앨리스,
부디 토끼를 조심해!

도시의 섬

부산역에 가면 주소지를 잃어버린 돌들이 뒹군다
밤이슬 내릴 무렵이면
술에 취한 돌들이 목마르다고 손을 내민다
세상의 모든 밑동이 이리 쓸리고 저리 쓸리다
굴러 와 여기저기 뒹군다

새들이 후드득 날아간 거리
까막까치가 데려다준 이곳
빗물 같은 사연들이 밤의 다리를 건너와 마을을 이루었다

마을버스도 지하철도 끊긴 정적 속에
새벽안개 자욱한 거리에

세상에서 가장 큰 집을 가진 이들이
세상에서 가장 자유로울 수도 있는 이들이
도시 한가운데 섬을 이루고 산다

시를 쓰지 못하는 날

지상에는 가시 돋치고, 독이 오른 영혼들
다들 저마다의 상처를 감추기 위해 보호색을 쓰지

귀에도 가슴에도 구멍이 뚫려있어 윙윙 바람 소리가 나고
시리고 아린 상흔에서는 물이 새지

범람을 막기 위해 밤새 흘려보낸 물
아침이 오면 다들 아무렇지 않은 듯 화장을 하지

십 대에는 진리가 자유롭게 한다는 뜻을 몰라 헤맸고
사십 대에는 온전한 사랑이 두려움을
내어 쫓는다는 의미를 몰라 울어야 했다

골고다의 언덕 십자가의 사랑
그리스도와 함께 액자 속에 걸린 진리

상담일지

국지성 폭우가 드라마처럼 쏟아지는 날
드라마 같지 않은 일상에 옷이 젖어버린 날
일기예보를 더 이상 믿지 않기로 한 날
평행우주가 무한 분화하던 날
거품 우주에 또 다른 내가 존재하는 날

제각기 꿈꾸는 방식은 다르지만
숨길을 다듬으며 존재의 무게를
감당하고 있다는 사실을 알았다

흙과 내가 하나가 되기까지
거품 우주와 평행우주가 만나기까지

겨울나무 가지 끝에 매달린 까치밥처럼
고독을 견디며 의미를 찾아보기로 했다

여름밤 해변의 기억
생생한 긴장감으로 생을 길들이며
낯선 익숙함으로 오래된 처음을
다시 살아보기로 했다.

모래사장에 총을 묻고서
낡고 오랜 것들을 화형에 처하며

긴 울음 끝에 바람을 잠재우며
섬에 동백꽃 한 그루를 심어보기로 했다

우는 사람

새벽빛 맞닿은 곳에
눈사람이 울고 있다

날은 춥지만, 꽃은 피고
자궁처럼 언 땅이 꿈틀거린다

봄의 골짜기에
개구리가 깨어나고

산그늘 아래 산수유
노랑 꽃망울 틔우면

살얼음 서리 낀 강둑 끝에
처절하게 우는 사람 있다

저녁노을이 백미러에 보내온 엽서

강변도로를 달리다 알았다
해가 지는 반대 방향으로 질주하고 있다는 것을
시간의 강물이 출렁이며 흘러가는 소리를 들었다
부치려다 만 편지가 젖어있다는 것을
그를 보내고 온 날 나도 슬픔에 감염되고 말았다는 것을

구름이 살포시 언덕에 앉아 고양이처럼 기지개를 켤 때
마을은 안개에 휩싸이고 나는 길을 잃고 말았다.
어머니의 거친 손을 뿌리쳤던 그가
꽃과 핸드크림을 사서 봉안당을 찾아갔을 때도
해가 반대 방향으로 지고 있었다

저녁노을이 백미러에 보내온 엽서에
부치려다 만 편지가 있다는 것을

향유고래 한 마리가 강물 위로 둥둥 떠서
하늘을 날아가고 있었다

H

그의 오른발과
그녀의 왼발이

그의 그림자와
그녀의 그림자가 포개질 때

그의 호흡과
그녀의 숨소리가

안개를 만들고
뭉게뭉게 구름을 피워 올렸다

그들은 알았을까
시간의 황무지에서 서로의 그림자를
알아보지 못한 채

발자국을 지우며
그림자 옷을 지어 입게 되리라는 것을

동굴로 간 H는
불안을 과식하고
슬픔을 쉴 새 없이 갈아먹은 탓에
비만이 되어 버렸다

자기 자궁 속에서
발견한 엄마의 자궁

조상 때부터 유전되어 온
편견의 자궁 속에 갇혀버린 H

북한 군인의 편지

어머니,
저는 이역만리 로씨야* 땅에서
마지막 눈발을 맞아요.
그리운 조선
정다운 어머니 품을 떠나와
설원에 누웠어요
새 떼처럼 날아온 드론의 총탄에
동료들과 함께 눕고 말았어요

고국으로 돌아가면
흰 쌀밥에 미역국을 먹고 싶었어요
뜨뜻한 구들목에 등 붙이고
어머니 곁에 눕고 싶었어요.

세상은 살만한 곳이 못 돼요.
탐욕으로 가득 찬 인간들에게
어린 병사의 생명 따윈 중요하지 않아요

---

* 러시아의 북한식 표현

어머니,
설원이 점점 붉게 물들고 있어요
날은 어두워져 가고 턱이 떨려오네요
온몸에 한기가 드는데 저는 잠이 쏟아져요

그리운 조선의 어머니,
따듯한 젖가슴에 파묻히고 싶어요
저는 그저 작고 푸른 조약돌이 되어
어머니 주머니에 오래도록 머물게요

히비스커스차를 마시며

뜨거운 물에 몸을 담그며
꽉 쥔 주먹을 펴야만 했다

우러날 대로 우러나
진한 맛과 향기가 날 때까지
팔다리에 힘을 빼야만 했다

들숨과 날숨도 풀어놓고
썰물인지 밀물인지도 모를 리듬도 놓쳐버렸다

살점을 움켜쥔 고통 세련된 광기조차
장밋빛 울음으로 토해내고
허우적대던 두려움도 떨쳐버려야 했다

발버둥 치면 칠수록 부유浮遊하는 건화乾花
돌돌 말린 비틀어지고 바싹 마른 사유思惟들이
긴장을 풀고 결을 따라 펴졌다

그렇게까지 힘주고 살지 않아도 돼
온수에 자신을 맡겨 봐

손바닥에 전해오는 온기
혀끝에 맴도는 시큼한 향기

참 만남

한 사람이 온다는 건
한 행성이 다가오는 것이다

너무 가깝지도 않게
너무 멀지도 않게

그는 자기 빛깔대로
나는 나의 빛깔대로

서로를 탐사하며
길을 내어주는 것이다

공벌레

또르르 몸을 말고서
마른 낙엽, 나뭇가지, 흙냄새에
향내를 묻고

지금은 제 원 안에
갇혀 지내고 싶어요

톡톡 치지 말고, 건들지도 말고,
그냥 내버려두세요

어떤 판단도 위안도
말아주세요

때가 되면 깨어나겠지요

어느 아침 햇살에 기지개 켜며
하얀 이 드러내고 웃을 날 있겠지요

생生의 아이

아이가 말했다
엄마는 해, 아빠는 달이라고

동생이 미어캣처럼
불빛을 등에 업고 살 때

밀실의 공기를 맡으며
고양이처럼 웅크리다 발톱을 세우고
살금살금 걷다 털을 핥으며
자신을 스스로 지켜내는 법을 배워야 했다

누군가 말했다
뭐가 달라지면 좋겠냐고

아이는 말했다
해와 달이 가까워지면 좋겠어요

가끔 해가 달에 손을 내밀었지만
달은 이내 구름 속으로 숨어버렸다

아이는 아빠를 만나러 가기 위해
저녁을 기다려야 했다

기억이 갉아버린 어둠의 터널을 지나
새벽이 밝아오면 다시금
엄마를 만나러 갔다

아이는 저녁과 새벽의 터널을 오가며
해도 달도 아닌 그 무언가가 되기로 했다

아이는 해안의 파도를 따라
바람이 길어다 준 양식을 먹으며
햇살을 마시고 근육을 키우며
그 무언가가 되어가고 있었다

출장을 마치고

하단 지하철역
그림 몇 점
시 몇 점
사진 한 점

오늘도 열심히 살아
수고 많았다고
퇴근길 일당이네요

지는 노을
낙동강 하구에서
시는 못 건졌지만

시가 뭐 별건가
사는 게 시지, 뭐

토닥토닥
저녁노을이 머리를
쓰다듬을 때

강나루 노을에 그림자 진
회색 코끼리 떼 구름은
앞서거니 뒤서거니
서둘러 집으로 가고

바람 부는 언덕에
사랑을 두고 온 나도
서둘러 집으로 가고

시 언덕에 달처럼 걸려 있는

그리운 이름 하나

해설

시 언덕에 달처럼 걸려 있는 그리운 이름 하나

−김은희의 시 세계

정훈(문학평론가)

주기처럼 슬픔과 기쁨이 오가는 세월이다. 슬픔은 고통과 절망을 데리고 기쁨은 즐거움과 행복을 데리고 온다. 시간이 지나면 훤히 알 수 있는 지난 세월의 지층 속에서 한없이 나약한 인간의 마음에 불어닥치는 바람이 속절없이 느껴질 때쯤 해는 벌써 서산에 기우는 삶이다. 기쁨도 보람도 없이 지나가는 삶에서 의미를 건질 수 있다면 하루하루 새롭게 느끼는 생활의 결이나 틈이 아닐까. 무수히 쏟아지는 시들에서 그러한 의미를 확인하는 부분을 찾을 수 있다. 현대 시가 처한 난맥이란 원래 문학이 지향하는 가치 속에 이미 들어 있다고 할 때, 인간성의 위기나 현대 기술문명의 발달에서 차츰 사라져가는 인정을 되살리고 모든 존재가 폭력이나 희생의 문화에서 벗어나 사랑과 평화가 가득한 세상을 갈구하는 방향으로 수렴된다. 이는 문학뿐만 아니라 모든 예술과 문화가 지향하는 내용이다.

   존재가 처한 위기를 돌파하기 위해 20세기 초부터 수많은 철학자나 사상가들이 귀 기울였던 것은 생명의 새로운 인식이다. 삶과 죽음이라는 단순한 이분법적인 인식에서 벗어나 생성과 소멸하는 모든 생명체에 담긴 순환성에 주목하기 시작하였다. '발전'이라는 이름으로 자행된 숱한 생명 파괴와 환경 위기로부터 생태계의 원활한 순환을 지키기 위한 인간의 몸부림은 지금도 계속되고 있다. 시는 사실 오래전부터 원시적인 생명성을 회복하기 위한 형상화를 시도해 왔다. 생명의 원시성은 병들고 썩어가는 이 땅의 모든 생명이 태고의 순수와 활력을 되찾을 때 그 본질적인 속성을 마주할 수 있다. 채색되거나 윤색되지 않은 마음과 의식 또한 마찬가지다. 이러한 의미에서 본다면 김은희 시집『저녁 노을이 백미러에 보내온 엽서』는 건강하고 때 묻지 않은 감성으로 세계를 바라보는 시선으로 가득하다. 기교를 부리지 않고 날것의 감각과 언어로 시인의 마음 한구석에 자리 잡은 소중하고 아름다운 세상의 풍경을 형상화한다. 그 안에서 사람과 식물, 그리고 일상의 작은 행복과 사물 뒤편에 도사리고 있는 가치와 의미를 발견한다.

가끔 잃어버린 야생성이 그립다
날기를 포기한 건 언제부터였던가
선사시대부터 내려온 본능

따듯하고 살만한 온도
먹고살 만한 먹이

사람들은 비웃지
'바보 새'라고
거추장스러운 날개를 왜 달고 다니냐고

더디지만 날게 되면 언젠가
가장 멀리 가장 높이 날아오를 수 있지

바닷가 절벽 위에 앉아
불편한 잠을 자며
상승기류를 기다리다

가늘고 긴

날개를 펼쳐

천공을 가로질러

활공의 꿈을 꾼다

- 「앨버트로스」 전문

시인은 "잃어버린 야생성"을 그리워하며 그 상징으로 "앨
버트로스"를 들고 있다. 한번 날갯짓으로 가장 멀리 날 수
있는 새로 알려진 앨버트로스는 흔히 '바보 새'란 별칭으로
부르곤 한다. 걸음걸이라든지 어딘가 느리고 무뎌 보이는 형
태가 그런 이름을 불러왔을 것이다. 이러한 앨버트로스는
바람의 방향을 가늠하다 한 번 "날개를 펼쳐/ 천공을 가로
질러/ 활공"한다. 이러한 광경을 시인은 꿈꾸는 것이다. 비
단 앨버트로스뿐만 아니라 먼 과거 지구 생태계가 건강할
무렵 왕성하게 활동했던 생명체의 환경은 지금은 찾기 어렵
다. 가까스로 남아서 생태의 젖줄을 대고 있는 곳은 기껏해
야 남극이나 아마존 일대의 정글 지대 정도이다. 더욱이나
온난화의 진전과 함께 탄소배출의 증가로 말미암아 지구촌
곳곳에서 자연재해가 끊이지 않는다. 생태계 복원은 인간의

기술 문명이 인간뿐만 아니라 지구의 모든 지리 환경과 생명을 존중하고 보전하는 기획과 함께 이루어질 때 인간 앞에 닥친 환경 위기를 조금이라도 피할 수 있다. 시인은 앨버트로스가 창공을 가르며 날아가는 모습을 상상하며 인간과 생태계의 건강한 복원과 함께 잃어버린 원시성의 낙원을 꿈꾼다.

사람들은 모두 집에 머물렀다
악수를 할 수 없고
타인의 그림자를 무례하게 밟는 일 없이 저만치 홀로 서서
자신의 숨소리를 듣고 바람이 숲을 깨우며 지나가는 소
리를 들었다
노래하는 자, 춤추는 자, 그림을 그리는 자, 시를 쓰는 자
호수조차 꽁꽁 얼어붙은 세상에 바람이 불기 시작할 때

새들이 맺어준 인연은 붉은 꽃으로 피어났다
마치 서시처럼 피었다가 눈물처럼 떨어져
바닥에서 한 번 더 피고 지며 꽃들의 길을 틔웠다
얽히고설킨 인연도 모두 지고야 마는 아린 길목
해풍에 군락을 이루고 살다 간 목숨 꽃

뱃고동 소리 울려대는 들뜬 밤에도

윤기 나는 초록 잎사귀에 새겨진 연서는 당당하다

그대 생명 빚어 만든 레드 카펫

사뿐히 밟고 지나가 마침내 봄의 정원에 이르리다

– 「동백이 피고 지기까지」 전문

   자연과 인간의 공존은 태곳적부터 이어져 온 현실이다. 인간이 자연을 대상화하면서부터 자연은 인간이 기획한 그림대로 형해화되었으며, 이 때문에 균열이 가고 병든 생태계가 인간 사회의 환경에 영향을 미쳐 각종 질병이나 재난이 끊이지 않고 있다. 지난 코로나19는 전 세계뿐만 아니라 한국 사회에도 많은 변화를 불러일으켰다. 단지 유행성 전염병으로 많은 사람들이 질병을 얻거나 죽은 사실만을 가리키는 건 아니다. 질병이 사회에 창궐하면서 의료 환경이나 직업적인 환경 변화에서부터 사람들 사이의 물리적·심리적 거리가 조정되면서 '개인'의 중요성이 다시 부각된 것이다. 새로운 개인의 '발견'은 각종 관계와 얽혀있는 세계의 약한 고리로 작용한다. 하지만 「동백이 피고 지기까지」의 화자는

"새들이 맺어준 인연은 붉은 꽃으로 피어났다./ 마치 서시처럼 피었다가 눈물처럼 떨어져/ 바닥에서 한 번 더 피고 지며 꽃들의 길을 틔웠다."는 진술을 통해 새와 꽃이 눈에 보이지 않는 인연의 고리로 연결되어 있음을 보게 된다. 자연이 우리에게 보여주는 현상은 기가 막히도록 신비스럽고 경탄할 만한 것이어서 사시사철 수목과 들판, 그리고 강과 바다가 변천하고 화려하게 생성하는 물결의 형식을 생각하면 우리가 놓여있는 생태계의 가치와 의미를 곱씹게 된다.

너를 기다렸다
차 끓일 물을 준비해 두고 꽃샘추위가 오락가락
봄비가 내리다 만 삼월 초순 주말 오후
너는 시간이 되어도 오지 않았다
네가 오기 한 시간 전부터 설레었는데

어린 동백나무가 부케처럼 자라난 정원을 지나
홍매화가 핀 담벼락을 거닐다 문득 알았다

너는 오지 않은 게 아니라 오지 못했다는 것을
마음의 감옥에 갇혀 있다는 것을

오래되고 익숙한 늪에 침잠하고 있다는 것을

동트는 못에 데려다 줄 누군가를 기다리는 삼십팔 년 된

병자라는 것을

의사가 진단을 내린 후 진단의 틀에 포박당하고 있다는

것을

너의 집 앞에서 너를 기다릴 수도 있지만

나의 정원에서 너를 기다리기로 한다

나의 행성에서 너의 행성으로 전파를 보낸다

언젠가 내가 보낸 연서는 봄비처럼 너의 창문을 두드릴

것이다

공벌레처럼 웅크린 어깨를 펴고, 기지개를 켜며 창문을

열 날이 있으리라

네 둥지에 새싹 움트는 날까지 부디 오래도록 깊이 아프기를

침묵 속 네 심지 세포 분열 알아채거든 그때 문을 열기를

어느 날 문득 네 걸음이 나의 정원 뜰에 서 있기를!

– 「기다려도 오지 않는 너에게」 전문

생태계뿐만 아니라 우리는 여기저기 복잡한 인연의 고리에 얽혀 살고 있는 존재다. 시인은 "마음의 감옥에 갇혀 있"는 "너"를 기다린다. 이 마음의 감옥이 구체적으로 어떤 정황을 말하는지 시만 보면 짐작하기 힘들지만, "어느 날 문득 네 걸음이 나의 정원 뜰에 서 있기를!" 간절히 바라는 시인의 마음이 절절하게 배어 있다는 사실을 알 수 있다. '나-너'의 관계는 인간이 사회를 이루고 살아가는 가장 기본적인 구성요건이요 관계이다. '나-너'로부터 비롯되는 감정과 정서가 주체와 타자의 위상을 매개하고 정립하는 가장 기본적인 윤리 구조이다. 기다림과 그리움의 대상으로서 '너'를 부르고, 기다리고, 끝없이 갈망하는 서정적 자아의 눈빛과 목소리가 시 전반을 흐르는 주된 정조로 기능하는 작품이다. 이러한 그리움은 너의 부재로 생긴 상실과 허탈함, 그리고 외로움이 오랫동안 전이되는 감정이다. 서정시 본연의 특징이라고 할 수 있는 애상적인 분위기를 통해 시인이 마음속 깊이 갈구하고 희망하는 세계의 한 특징을 살펴볼 수 있다.

사뿐사뿐 춤추듯 걸어 나와

길 위에 섰을 때까지 몰랐다

주전자에서 뿜어져 나오는 김처럼

뜨겁고 경쾌하게 노래하고 싶었다

구두는 춤추고 싶었다

운동화는 달리고 싶었다

무너진 경계의 비명

꽃잎 같은 사랑이 꽃잎에 눌려

나뒹구는 찢긴 날개가 되었다

미궁 속으로 사라지는 꿈

벽장 속에 갇힌 죽은 새의 노래

강이 놓쳐버린 강물이 되었다

우주를 떠돌다 길 잃은 유성처럼

다시는 못 돌아갈 집

창문을 두드리는 빗물이 되었다

산불같이 번지는 슬픔은

노을 같은 그리움이 되었다가

해일 같은 분노가 되었다가

늪 같은 무력감이 되었다가

허공을 떠돌다 사라지는 메아리

제각기 서로 다른 길을 걷다가 만나

즐비하게 늘어선 오목한 마음,

마음들이 여기 모여 있다

- 「분실물 센터 신발들」 전문

　　이번 시집의 다양한 시적 형상화 가운데서도 특기할 만한 점은 일상에서 흔히 보는 사물에 상상력을 부여하여 그 사물과 존재의 뒷면을 파헤치는 사실이다. 「분실물센터 신발들」의 경우 제각각 다양한 이력을 보이는 신발이 뜻하지 않게 제 방향과 길을 잃어버려 끝내 분실물센터에 가지런히 모이게 된 사연을 시인 특유의 상상력을 통해 보여준다. "제각기 서로 다른 길을 걷다가 만나/ 즐비하게 늘어선 오목한 마음,/ 마음들이 여기 모여 있다."라는 진술에서 비단 신발뿐만 아니라 우리 인간의 삶 허기진 구석과 그늘을 짐작한다. 인생도 아마 그럴 것이란 사실 앞에서 존재의 고독과 쓸

쓸함이 묻어나는 사실을 어찌할 수 없다. 걸어야 하는 길을 걷다 의지와 관계없이 이정표를 잃어버리는 경우가 얼마나 많은가. 길을 걷다 잃어버린 길을 찾아 헤매는 삶이다. 물론 사람의 일생을 단순하게 신발에 비유할 수는 없을 것이다. 이는 상징으로 이해해야 한다. 한길로 오롯하게 진행되는 삶의 길에서 어느 순간 "무너진 경계의 비명"을 내지를 때의 황망함을 시인은 말한다. 경계를 이탈하거나 벗어날 때 맞닥뜨리는 것은 허무의 집합소인 분실물센터, 혹은 존재의 무덤일 것이다. 훤한 일상에서 눈길을 돌리다 발견하게 되는 존재의 그늘을 상기하게 하는 작품이다.

김은희의 시는 존재와 일상, 풍경과 사람의 형식에서 기원하는 그리움의 정서를 여러 시적 실험을 통해 드러낸다. 서정시와 도시시, 혹은 관념시와 구체시에 이르는 여러 갈래의 시적 양상은 시인으로 하여금 이 세계 뒷면에 와글거리면서 놓인 존재들의 양상에 눈길을 돌리게 한다. 이럴 때 생명의 가치와 의미를 다시 곱씹게 되고, 시간의 지축에 짓눌린 작은 사물의 비명과 한탄을 듣게 된다. 그리고 먼 그리움의 발치에서 서성이는 사람의 눈동자를 떠올리게 한다.

숨 막히고 음산한 밤이 오면

갇힌 자의 울음소리 흐느끼는 어둠이 내리면

숲의 냉기에 소름마저 돋는 차가운 겨울이 찾아오면

너는 내게로 오렴

문 앞에 서서 기다릴게

차 마실 물을 끓이고, 소라처럼 큰 귀 열어

불안을 견뎌낸 얼음 호수 같은 너의 이야기를 들을게

어떤 이야기는 지나가고 어떤 이야기는 남아있어

이야기 속에 이야기를 가두고 이야기가 산맥처럼 이어져

밤의 이슬이 내리고 다시 아침이 오기까지

이야기가 이야기의 손을 잡고 화해할 때까지

이야기와 이야기가 강물처럼 끌어안고 통곡할 때까지

어둡고 차가운 밤의 숲을 지나 살아남은

너의 싱싱한 이야기를 들을게

– 「경청」 전문

　위 작품의 제목에서도 알 수 있듯이 '듣는 행위'가 지니는
중요성을 역설한 시다. 하지만 단순하게 듣는 일의 소중한

의미만을 부각하고 있지는 않다. "숨 막히고 음산한 밤이 오면/ 갇힌 자의 울음소리 흐느끼는 어둠이 내리면/ 숲의 냉기에 소름마저 돋는 차가운 겨울이 찾아오면/ 너는 내게로 오렴"에서 보게 되듯이 왁자지껄한 낮의 시간이 지나고 모든 생명체가 저물거나 숨어버리는 밤이 찾아올 때쯤 시의 화자는 낮은 목소리로 이야기하려는 존재를 부른다. 특정인이라기보다는 이야기를 가득 품은 채 입을 열려고 하지만 그러지 못했던 존재에게 따뜻한 손을 내미는 말이다. "이야기가 이야기의 손을 잡고 화해할 때까지/ 이야기와 이야기가 강물처럼 끌어안고 통곡할 때까지/ 어둡고 차가운 밤의 숲을 지나 살아남은/ 너의 싱싱한 이야기를" 듣겠다는 의지를 드러낸다. '이야기'는 끊임없이 이어지는 속성이 있어서 어떤 사건이나 형식에서 출발한 메시지가 눈덩이처럼 다른 의문과 궁금증을 묻힌 채로 굴러간다. 이러한 이야기가 모여서 전설이 되고 역사의 골목길을 형성한다. 시는 하나의 서사가 만들어 내는 빛깔을 감성적인 언어로 압축하는 장르라 할 때, 이 작품에서 시인이 전하고자 하는 시적 의미는 존재가 내미는 입술의 소중함, 그리고 그 통로에서 흘러나오는 존재의 서사에 귀를 기울일 때 얻게 되는 생명의 존귀함일 것이다. 또한 이것이 "어둡고 차가운 밤의 숲을 지나 살아낢은" "싱싱한 이야기"이고, 싱싱하고 생생한 이야기야말로 살아 숨 쉬는 존재의 형식이 되는 것이다.

어느 날 무의미와 허무가 방문을 노크했다

몇 개의 산을 넘고, 무덤을 가로질러
초대장을 들고 나를 만나러 왔다

바람 부는 언덕에 서서 한참을 망설이다
그들을 따라나섰다

열심히 앞만 보고 살았는데 잘못된 건 아닌가
최선의 삶은 아니지만 차선의 삶을 살아왔다

노을이 지기 전 애써 울음을 참는 하늘
들썩이는 어깨처럼 파도치는 바다 앞에 섰다

낮게 나는 꼬마물떼새와 갈매기
별것 아닌 것들도 이렇게 숨 쉬며 날고 있었다

끝내 찾지 못할 의미를 기다리며

혹한과 혹서를 견뎌온 내 생의 바다

나의 삶에도 수많은 반짝임이 있었다

어느 한순간도 의미 없는 때는 없었다

낯선 생을 살아내느라 수고한 나에게

처음으로 손을 내밀어 괜찮냐고 물었다

– 「마음아, 괜찮니?」 전문

"무의미와 허무가" 느닷없이 찾아오는 때가 있다. 아마 시인도 그런 일을 겪었던 모양이다. 우리는 늘 삶의 의미와 가치가 무엇인지 궁리하면서 하루를 보내지는 않는다. 흔히 '다람쥐 쳇바퀴'라고 말하곤 하는 비슷비슷한 일과를 보통 되풀이하지만, 그 작은 틈새에서도 보람과 행복을 느낀다. 그러나 '실존적인' 관점에서 자신의 하루를 되돌아보거나 존재 자체를 생각할 때 수수께끼처럼 풀리지 않는 의문에 잠 못 이룰 때가 많다. 무슨 거창한 철학적인 궁리를 말하는 게 아니다. 이런 의문은 아마 사춘기 때 격정적으로 생

기다 차츰 나이를 먹으면서 농도나 강도가 옅어진다. 그러나 허무주의나 염세주의에 몰두하거나 빠져드는 사람에게 '질병'처럼 다가오기도 한다. 시인은 "낯선 생을 살아내느라 수고한 나에게/ 처음으로 손을 내밀어 괜찮냐고 물었다."라고 고백한다. 이러한 자기 화해가 있기에 비록 허무하고 의미 없게만 느껴지는 하루하루를 고이 접어 다음 날 해 뜰 무렵 다시 펼칠 수가 있는 것이다. 낙관적이고 긍정적인 삶의 응시와 관조는 이번 김은희 시집을 관통하는 주제로서 생의 마디를 명랑하고 쾌활하게 넘어서려는 시인의 평소 가치관과도 관계가 있을 것이다.

한 사람이 온다는 건
한 행성이 다가오는 것이다

너무 가깝지도 않게
너무 멀지도 않게

그는 자기 빛깔대로
나는 나의 빛깔대로

서로를 탐사하며

길을 내어주는 것이다

-「참 만남」 전문

시인의 긍정적인 세계관은 「참 만남」에서 도드라진다. "너무 가깝지도 않게/ 너무 멀지도 않게" 각자의 "빛깔대로" 내버려두는 것, 이는 "서로를 탐사하며/ 길을 내어주는 것이다." 이러한 관계는 서로에게 부담을 주거나 억누르지 않고 편안한 마음을 심어준다. 인간관계에서 가장 애를 먹는 게 서로에 대한 관심이 비대한 나머지 간섭으로 바뀌어 서로가 서로를 밀어내는 방향으로 가는 일이다. '너'와 '나', 혹은 '나'와 '너'가 적당한 거리를 두면서 소통하는 관계에서 진정하고 올바른 인간관계가 형성된다. 이는 존재와 존재 사이의 관계에도 적용된다. 인간이 자연을 정복해야 하는 대상으로 여기면서 지금 보고 있는 생태계의 대재앙이 발현되었다. 이러한 인간의 간지奸智가 불러일으킨 여러 사태는 계몽주의가 판을 치던 18세기 이후 20세기를 거치면서 비로소 자각하게 되었고, 그 결과 인간과 환경 혹은 생태의 관계를 재설정하면서 인간의 미래를 그리는 시도가 곳곳에서 벌어지고 있다. '관계'에 대한 태도, 그리고 '관계'를 바라보는 관점이나 시선의 조정이 지구촌 곳곳에서 화산처럼 폭발하고 있는 각종 재해와 재앙을 최소화하는 길임을 이 작품이 전하는 작은 메시지를 통해서도 짐작할 수 있다.

하단 지하철역
그림 몇 점
시 몇 점
사진 한 점

오늘도 열심히 살아
수고 많았다고
퇴근길 일당이네요

지는 노을
낙동강 하구에서
시는 못 건졌지만

시가 뭐 별건가
사는 게 시지, 뭐

토닥토닥

저녁노을이 머리를

쓰다듬을 때

강나루 노을에 그림자 진

회색 코끼리 떼 구름은

앞서거니 뒤서거니

서둘러 집으로 가고

바람 부는 언덕에

사랑을 두고 온 나도

서둘러 집으로 가고

– 「출장을 마치고」 전문

　시집의 마지막에 실려 있는 시 「출장을 마치고」를 읽으며,
이번 시집을 상재하면서 지녔을 시인의 마음 자락 하나를
보게 된다. 모든 시인은 자신의 시작詩作이 많은 사람에게 읽
혀 오랫동안 가슴에 남아 있는 작품으로 여기기를 바란다.
시인뿐만 아니라 예술가라면 누구나 한 번쯤 꿈꿀 법한 생

각이다. 그런데 현실은 그런 작가의 꿈이 무참히 짓밟히는 생존의 장이다. 사태가 이렇다고 창작을 접을 수도 없는 노릇이니, 시인을 포함한 작가의 운명을 짐작할 만하다. 독자가 알아주든 그렇지 않든 작가는 창작 행위를 통해서 자신의 존재를 증명할 수밖에 없다. "시가 뭐 별건가/ 사는 게 시지, 뭐"라고 호방하게 내뱉을 수 있는 마음이라면 시가 '오든' '오지 않든' 개의할 바 못 된다. 시를 쓰는 일보다 사실 사는 일 자체가 중요하다는 사실을 부정하는 사람은 없을 것이다. 하지만 이왕이면 시가 뮤즈의 바람을 타고 술술 넘어오는 일은 생각만 해도 가슴 벅차기만 하다. 현실과 이상 사이에서, 혹은 중력과 상상의 부력 사이에서 끼어있는 존재인 시인이다. 시인은 그리워한다. 시를 그리워하고, 아직 오지 않은 '너'를 그리워한다. 시의 집을 짓고 허물면서 아직 도래하지 않은 그대를 그리워하다 지쳐 잠드는 자가 시인이다. 시집 『저녁노을이 백미러에 보내온 엽서』는 그런 시인의 마음과 언어가 수놓은 서랍이다. 늘 시를 쓰면서 아직 오지 않은 그대를 그리는 사람이 시인이라면, 이번 시집을 통해 그런 시인의 면모를 볼 수가 있다. '시'라는 이름의 언덕에 기대어 사람 하나 그리워하면서 연필을 쥔 손 비스듬히 여백에 그리는 시인의 앞날에 빛나는 길이 열리기를 바란다.

저녁 노을이 백미러에 보내온 엽서

펴낸날 2025년 11월 7일

지은이 김은희
펴낸이 주계수 | **편집책임** 이슬기 | **꾸민이** 허유진

펴낸곳 밥북 | **출판등록** 제 2014-000085 호
주소 서울특별시 마포구 양화로 156 LG팰리스빌딩 917호
전화 02-6925-0370 | **팩스** 02-6925-0380
홈페이지 www.bobbook.co.kr | **이메일** bobbook@hanmail.net

© 김은희, 2025.
ISBN 979-11-7223-117-0 (03810)

※ 본 사업은 2025년 부산광역시, 부산문화재단 〈부산문화예술지원사업〉으로 지원을 받았습니다.

부산광역시 BUSAN METROPOLITAN CITY   부산문화재단 BUSAN CULTURAL FOUNDATION